# PANEGYRIQVE
## AV TRES-CHRESTIEN
### ROY DE FRANCE ET DE
### Nauarre LOVYS XIII.
### du nom:

*A son heureux retour en sa ville de Paris,*

## A PARIS,

Chez HENRY SARA, ruë S. Iean de
Latran à l'enseigne de l'Alde.

## M. DC. XXIII.

# PANEGYRIQVE AV

tres-Chreſtien Roy de France & de Nauarre Louys XIII. du nom, à ſon heureux retour en ſa ville de Paris.

## SIRE,

Entre pluſieurs guerres où les François ont ſignalé leur vertu contre diuers ennemis, il me ſemble que celles qu'ils ont entrepriſes pour la conſeruation de leur patrie, ou pour la manutention de la Religion, comme elles ſont les plus iuſtes, doiuent éſtre auſſi eſtimées les plus glorieuſes. Car quoy que les expeditions que lon entreprend pour la reputation, ou pour la plus grande eſtenduë de l'Empire, ſemblent auoir dauantage d'eſclat & de triomphe; & que l'on eſtime que c'eſt vne action plus coura-

geuſe de porter le feu & la tempeſte de
la guerre chez ſon voiſin, que de l'eſtein-
dre & de l'appaiſer chez ſoy : Neantmoins ſi nous voulons mettre bas ceſte
hypocriſie du meſtier de la guerre, qui
ſous ombre de vouloir ſ'aſſouuir de
gloire, ſe repaiſt de ſang humain ; en vn
mot, ſi nous voulons parler en Chre-
ſtiens, il ne reſte aucune cauſe legitime
qui nous puiſſe mettre les armes à la
main que la defenſe des Autels & des
foyers, de la Religion & de la patrie, de
Dieu & de noſtre Prince. Et quiconque
voudra qualifier de leurs vrais titres ces
renommez guerriers de l'antiquité, qui
n'ont eu autre motif de leurs expeditions militaires que l'ambition & le de-
ſir de commander, ne les doit appeller
autrement que bouchers & meurtriers
d'hommes, ennemis mortels de la natu-
re humaine, qui de gayeté de cœur l'ont
preſque ſaignée iuſques à la derniere
goutte de ſon ſang. Conſiderons vn Ce-
ſar porté de ſon ambition ſe promener
par le monde auec ſes victoires : quelle
infection d'air, quelle peſte la plus con-
tagieuſe conſuma iamais tant d'hommes qu'il en a faict paſſer par le fil de

l'eſpée? onze cens nonãte & deux mille,
ſans que ceux qui furét emportez par le
rauage des guerres ciuiles ſoient cõm-
pris en ce nombre. Tellement que les
anciens eſtimerent à bon droiĉt que le
comete qui parut incontinent apres ſa
mort eſtoit l'ame de cét Empereur, puis
qu'il auoit eſté durãt ſa vie vn funeſte &
pernicieux comete aux hõmes, deſquels
il a faiĉt vn ſi ſanglant carnage. Au con-
traire ſi nous iettõs les yeux ſur les bons
& pacifiques Princes, & particulieremẽt
ſur les noſtres, que peut-on diré d'eux,
ſinon que ce ſont des Aſtres de benigne
influence, qui reſpãdent en abondance
toutes ſortes de biens ſur leurs peuples?
Ce grand Sainĉt Louys le neufieſme du
nom, & le premier en toute vertu, le pa-
rangon des bons Roys, l'idée du iuſte
Prince; à voir la douceur & la tranquil-
lité de ſon regne, le legitime gouuernement de ſon Empire ſous l'authorité des
loix; ne diroit-on pas que c'eſtoit plus-
toſt vn pere qui gouuernoit ſes enfans
& ſa famille, qu'vn Roy qui regiſt ſes
ſujets? Auſſi celuy qui ſ'eſt rendu de
plus pres imitateur de ſes rares vertus a
eſté nommé Pere de ſon peuple; Nom

qui luy est confirmé à bonne raison par la posterité. Que s'ils ont esté contraints de mettre le glaiue au poing, ç'a esté à regret & auec pareille douleur que s'il eut falu coupper sur le vif vn de leurs membres: & principallement quand il a esté question de faire la guerre à leurs sujets desobeïssans. Mais considerant qu'il n'y a rien de si venerable que la Religion, que leur cause estoit conioin-te auec celle de Dieu, & que c'est le mespriser regnant dedans le ciel, si l'on ne respecte sa viue image icy bas en terre; ils l'ont voulu imiter au chastiment qu'il prend du pecheur, appesantissant le plus tard qu'il peut sa main sur luy, & la releuant si tost qu'il donne quelque tesmoignage de recognoissance. C'est en ceste occasion où les bons François secondant les vœux de leurs Princes ont fait paroistre le zele qu'ils portoient à la conseruation de la Religion : à l'exemple de leurs ancestres, qui mes-mes durant l'aueuglement du Paga-nisme ont seruy leurs Dieux auec telle deuotion qu'ils n'ont pas mesmes espar-gné la vie des hommes pour se les ren-dre propices & fauorables. Mais depuis, si tost que Clouis eut noyé les reliques du Paganisme dans les eaux salutaires du Baptesme, ils sacrifierent leur propre vie, pour la manutention de la vraye & Catholique Religion, & l'extirpation de l'heresie Arienne, presque aux mesmes lieux où depuis Simon Comte de Montfort, sous les auspices de Louys VIII. rougist ses armes dans le sang des Albigeois, aux mesmes lieux, SIRE, d'où vostre Majesté vient de faire éclater glorieusement les siennes: comme s'il estoit fatal à ce pays de seruir de champ de desfaite à l'heresie, aux LOVYS de la vaincre, & d'y dresser des trophées de sa perte; soit pour la chastier de sa desobeissance enuers Dieu, ou de sa rebellion enuers les Roys, qui sont ses Lieutenants en terre. Les anciens estimoient que la source des fleuues estoit sacrée, & le reste de leur course vne eau prophane: Mais les armes de nos Chrestiens François consacrées par ceste premiere expedition, n'ont iamais cessé iusques à ceste heure de s'employer suiuant le cours & l'exigence des affaires pour vne si saincte cause que celle de l'Eglise; tantost pour

l'augmenter, tantost pour la conseruer,
& tousiours pour en defendre le sou-
uerain Pontife. En fin elle n'a iamais
trouué d'asyle, ny de refuge plus asseuré
quand elle a esté persecutée par ses ennemis, qu'en la protection & sauuegar-
de des François, & des Roys de France.
Car tout ainsi qu'vne mere affligée se
plaint à son fils le mieux aimé du tort
qu'on luy fait, implorant son secours
& son assistance ; Ainsi l'Eglise en ses
afflictions a eu tousiours recours à ses
fils aisnez, qui se sont aussi tost portez
auec vne incroyable affection à la secou-
rir & proteger de toute l'estendue de
leur pouuoir. Quels Princes ont iamais
tant seruy la Religion Chrestienne?
Quels Princes se sont opposez plus
courageusement à ses ennemis les He-
retiques & les Infidelles? L'Orient en
sçauroit bien que dire, où ils ont tant de
fois rallumé la lumiere de la foy, estein-
te sous la nuict de la Gentilité: où ils ont
versé leur sang au mesme endroit où
nostre Seigneur a respandu le sien: où
ils ont arboré leurs enseignes victorieu-
ses aupres des trophées de nostre re-
demption. La terreur de leur nom qu'ils

ont

ont ſemée dans le cœur de ces peuples
barbares, leur prepare encore vne riche
moiſſon d'honneur & de gloire, ſi le
malheur de ce ſiecle ne les contraignoit
pluſtoſt d'empeſcher le progrez de l'hereſie rebelle, que de prouigner l'Egliſe
du Seigneur dans ces terres eſtrangeres.
Et neantmoins la prouidence diuine eſt
admirablement fauorable en cét endroit à voſtre Majeſté, SIRE, puis
qu'elle a permis que la rebellion fut
coniointe à l'hereſie; comme ſi elle vouloit que toutes les expeditions de nos
Roys fuſſent des guerres Phoceennes
& ſacrées. Vn Roy d'Eſcoce ayant faiſt
vœu d'aller combattre pour la Foy contre les Infidelles, ſe voyant preuenir de
mort, ordonna par teſtament que ſon
Conneſtable iroit auec vne armée ac-
complir ſa promeſſe, & y porteroit ſon
cœur dans vn cercueil d'argent: Et qui
doubte que voſtre Majeſté ne combatte
de cœur & d'affection dans ces pays
Orientaux, où l'infidelité a faiſt de ſi
grands rauages contre la foy Chreſtien-
ne, ſi elle n'en eſtoit empeſchée par vne
guerre inteſtine, qui luy eſt plus cruelle
que la mort? Qui doute que les bons

B

François ne defirent pluftoft de faire bruire leurs armes dedans la Syrie, & marcher à la conquefte de la Terre fain-<br>&ctte, que d'eftre contrainéts par vne mal-<br>heureufe neceffité de les tremper dãs le fang de leurs compatriotes rebelles? Ce font ces lieux où nos majeurs ont faiét tant de beaux aétes, & qui font encores tout prefts de feruir de theatre à nos vi-<br>étoires. Les Scythes ne firent iamais pa-<br>roiftre tant de vaillance qu'alors qu'ils eurent à donner vne bataille aupres les tombeaux de leurs peres ; eftimant que leurs ombres & leurs cendres mefmes feruiroient de reproche à leur coüardi-<br>fe, ou de tefmoignage à leur generofité. Et fi iamais les François ont paru plus qu'hommes en guerre, ç'a efté combat-<br>tant les Infidelles aupres du Sepulchre de noftre pere commun Iefus-Chrift. Malheureufe herefie, pefte de la Mo-<br>narchie Françoife, gangrene de l'Eftat, tu ne nous permets plus d'exercer noftre vaillance contre les Eftrangers, ains tu nous contrains de la tourner contre nous mefmes pour coupper nos mem-<br>bres corrompus de nos propres mains. Tu ne nous permets plus de franchir les

mers pour reculer les bornes de la Religion & de l'aggrandir, puis que nous
auons assez affaire de l'affranchir & de la
preseruer des atteintes de ton impieté.
Graces à Dieu, puis que ton sourcil est
maintenant abbaissé, & que l'enflure de
ton orgueil est piquée. Graces à vous,
mon grand Roy, de qui Dieu s'est seruy
pour chastier sa rebellion, & sa desobeissance. Car que pouuons-nous rendre à vostre Majesté pour la recompense de tant de peines qu'elle a prises, de
trauaux qu'elle a souffert, de perils qu'elle a encouru, que des loüanges & des ac-
clamations de victoire ? C'est le seul
fruict que les bons & vertueux Roys
recueillent de tant de peines & d'espi-
nes que leur apporte le diadême & le
soin de la Royauté. C'est le seul fruict,
dis-ie, qu'elle doit attendre de nous, par-
ce que celuy qui a dequoy surpayer nos
actions pour loüables qu'elles soient, la
recompensera abondamment du zele
qu'elle apporte à son seruice, outre
la recompense qui luy est desia com-
mune auec ses predecesseurs. Car
ce grand Dieu, de qui la cognoissance
se porte sur les choses qui ne sont point

comme sur celles qui sont, preuoyant
que nos Roys aimeroient la iustice &
fuiroient l'iniquité, a voulu qu'ils fus-
sent oingts d'vne huile miraculeuse par
dessus tous les autres Roys de la terre:
Onction qui rendant leurs personnes
sacrées les rend plus redoutables à leurs
ennemis, & plus venerables à leurs peuples. Il a voulu leur enuoyer du iardin
du ciel les fleurs de lys par la main d'vn
Ange, comme vn gage fatal de l'Empire
François, & comme vne asseurance
qu'ils seront tousiours fauorisez de celuy qui se plaist & se paist entre les lys:
bref il a voulu les rendre presque sem-
blables à soy-mesme. Hé qui peut ap-
procher dauantage l'homme de Dieu,
que de procurer le salut de son prochain
tant au corps qu'en l'ame par des moyés
merueilleux & extraordinaires? La gue-
rison de ceste maladie qui se faict par
leur simple attouchement, preserue les
corps, & rappelle les ames infectées
d'heresie à vne plus saine creance; la
gloire des miracles estant vne des plus
eclatantes marques de celle dont ils
sont les fils aisnez, l'Eglise Catholique. Tous les peuples de la Chrestienté

ne remarquent rien de ſemblable en
leurs Princes, & ſont contraints d'ad-
uoüer l'auantage que ceſte grace parti-
culiere donne aux noſtres : la neceſſité
de ce mal y obligeant particulierement
ceux qui ſous ombre d'vne plus ample
domination en oſeroient debattre la
precedence. Toutesfois il peut eſtre ar-
riué que ceſte faculté ſurnaturelle ſe-
ſtant rencontrée en quelques perſon-
nes, elle les a rendus plus admirables
que loüables & vertueux, & plus vtiles
aux autres qu'à eux-meſmes : Mais en
vous, SIRE, qui ne vóit que c'eſt & le
prix & l'ornement de la vertu que nous
voyons reluire en voſtre Majeſté? & que
ce que vous poſſedez par le tiltre de
voſtre Royauté, vous ne le meritiez par
celuy de vos admirables vertus ? Soit
que nous conſiderions auiourdhuy les
cauſes qui vous ont fait prendre les armes, ſoit que nous conſiderions celles
qui vous les font tomber des mains,
nous ne pouuons qu'admirer en l'vn
voſtre iuſtice, en l'autre voſtre clemence, & en tous les deux voſtre incompa-
rable pieté. L'hereſie qui ſe voit reduite
aux derniers abois par la vigilance des

Pasteurs de l'Eglise, & par le glaiue spi-
rituel de la parole de Dieu, a eu recours
au glaiue materiel pour se deffendre.
Elle sçait qu'elle est née comme ce faux
Dieu des Payens Iupiter, qui sortit du
ventre de sa mere au son des tambours
& des fifres; & l'vn de ses peres se vante,
que la premiere semence de son Euan-
gile a esté iettée dans les campagnes de
Dreux. Elle a donc creu qu'elle se con-
serueroit par les mesmes moyens qui
l'auoient produite & auancée : & de
fait qui obseruera le progrez de ceste
secte, il trouuera qu'elle en a plus contraint par la terreur de ses armes, qu'elle
n'en a seduit par l'erreur de sa doctrine.
Or comme les morsures des bestes mou-
rantes sont plus dangereuses, elle a ra-
massé tout le venin de son maltalent
pour le vomir contre vostre Majesté
tres-Chrestienne : & voulant ietter de-
hors le mal qui la tient aux parties inte-
stines, elle a tout côuerty en vne tumeur
d'orgueil & de desobeissance. Vous auez
esté contraint, comme Roy, de chastier
sa rebellion ; & comme tres-Chrestien,
de vous opposer à ses sacrileges atten-
tats. Et d'autant que la multitude des

criminels estoit grande, & la conspira-
tion contre vostre authorité, tres-dan-
gereuse; il a falu recourir, quoy qu'à regret, aux violents & derniers remedes,
ayant en vain essayé de la remettre en
son deuoir par la voye de douceur. Il y a
certaines maladies qui se guerissent par
la Musique; mais celle de l'heresie sedi-
tieuse, ennemie de tout accord, ne se
peut procurer que par les horribles con-
fusions qu'enfante la guerre. Il vous a
donc falu, Sire, recourir à la iustice
des armes, pour la faire recognoistre
coupable, & faire force à vostre douceur
naturelle pour punir ses sujets reuoltez.
Moyse, cét homme sans fiel, cét esprit si
plein de mansuetude, prit neantmoins
l'espée à la main pour venger l'injure
faite à Dieu par l'idolatrie de ses freres
les Israelites. Ainsi vostre Majesté contre son inclination enuers son peuple, a
esté contrainte d'vser de sa main de iustice contre ceux qui ne vouloient pas
obeir aux douces loix de son sceptre.
Icy quelle bouche, quelle voix, quelle
plume vous descrira foudroyant les ennemis de Dieu & de vostre Estat? Ie vous
voy premierement passer comme vn

efclair dans voftre Souueraineté de Bearn, & fondre en vn momenr vos en-nemis aux rais de voftre prefence : Ie vous voy reftablir le feruice de Dieu, redreffer les Autels, remettre l'ancienne Religion en fon luftre, les Euefques en leurs fieges, les Pafteurs en leurs Egli-fes; bref par vne infinité de braues & pieux exploicts eclipfer la gloire & la fplendeur de cés illuftres Phebus & Gaftons de Foix vos deuanciers. De là vous venez foudainement paroiftre au long de la cofte de Poictou; & ces bra-uaches qui fe vantoient d'ofer vous at-tendre faurent dans les flots, & fe noyét comme les Egyptiens endurcis dans la mér rouge de leur fang. Qui a iamais veu, quand quelqu'vn fe promeine au long d'vn ruiffeau, defloger les grenouil-les & fe cacher au fond des eaux; il a veu les plus determinez d'entr'eux fe precipiter dans l'Ocean à la foulle, pour y lauer le crime de leur infidelité. La mefchanceté de fon naturel eft crainti-ue, & ne peut prefque fouffrir la prefen-ce ny le vifage de fon Iuge. C'eft pour-quoy l'herefie, pour affeurer les compli-ces de fa confpiration, leur a perfuadé

que

que l'authorité de voſtre Majeſté eſtoit déuoluë au peuple ſeditieux, & que Dieu luy auoit arraché ſon image pour l'imprimer en la forme de ſon gouuernement anarchique. Ainſi parloient ceux qui quelquefois nous veulent faire des leçons du ſeruice que nous deuons à nos Souuerains ; ainſi vous oſtoient-ils voſtre Couronne, pour puis apres vous oſter la vie. Perſuadez de la ſorte, ils ont oſé vous faire teſte dans la moindre bicoque, ils ont recherché voſtre vie à coups de canon & de mouſquets, & n'en pouuant venir à bout, ils ont (ô blaſpheme) attaqué voſtre ſacré nom à coups de langue. Mais l'Ange tutelaire de la France vous a garanty de leurs atteintes, & vous a ſeruy de corps de garde. C'eſt luy qui vous a retiré des perils où voſtre vaillance vous precipitoit ; C'eſt luy qui a ſuggeré quelquefois à vos bons ſeruiteurs de vous retenir par force, & vous inueſtir (comme les nuées vn tonnerre grondant qui cherche quelque iſſue) lors que l'ardeur de voſtre zele vous vouloit porter de l'office d'vn grand Capitaine à celuy d'vn courageux ſoldat. Nous vous en

Libelle imprimé à la Rochelle, auquel Tilenus a reſpondu.

C

remercions, bien-heureux Archange, à qui le salut de la France a esté si cher, que de conseruer vne si chere teste, de laquelle depend la vie & le repos de tant d'hommes. Nous vous en remercions auec autant de vœux qu'il y a de bons François qui respirent sous la domination de ce Iuste Prince. Et vous illustres ames, qui au prix de vostre sang nous auez conserué nostre Religion, nostre Roy & nostre Patrie; auec quelles paroles recompenserons-nous tant de hauts effects de courage & de pieté, puis qu'il ne nous reste autre moyen de les recognoistre?

Sire, on dit qu'il est facile de loüer les Atheniens deuant les Atheniens mesmes: mais il me semble bien difficile de loüer ces braues François en presence de vostre Majesté. Car ayant à parler deuant celuy qui a esté fidelle tesmoing de leur vertu, & qui porte encore dans ses yeux l'effigie glorieuse de ces grands personnages, respandans courageusement leur sang pour leur Roy & pour leur patrie; Il me semble, dis-je, tres-difficile d'esgaler par paroles ce que vostre Majesté en conçoit en sa pensée.

Cela ne doit pas toutesfois empefcher le deffein de publier leurs honneurs; & ne faut pas pretexer vne fi mauuaife excufe pour f'exempter de rendre ce que nous deuons à leur memoire. Ce feroit vne extreme iniuftice f'il en alloit ainfi, que d'autant plus que ces grands Heros ont efté excellens en vaillance, d'autant trouuaffent-ils moins de perfonnes qui euffent le courage de celebrer leurs loüanges; autrement ils feroient fruftrez du fruiⅽt le plus aggreable qu'ils ont attendu de leurs genereux trauaux, qui eft l'honneur, la loüange & la gloire; laquelle dependant pluftoft de celuy qui la donne que de celuy qui la reçoit, il eft en nous de les priuer de cefte douce recompenfe, ou de leur rendre ce que nous ne pouuons leur dénier qu'auec vne extreme ingratitude. Quant à moy, ie ne permettray iamais que leur memoire foit efteinte; & cependant qu'on leur dreffera des ftatues & des infcriptions en marbre, ie graueray, fi ie puis, dans le cœur des François, l'image de leur vertu; & ma plume traçant en mille papiers des infcriptions à leur gloire, f'efforcera d'enflamer les ames.

de nos hommes à les imiter; qui est le plus religieux honneur qu'on puisse rendre à ceux de qui l'on cherit la souuenance. O que le Prince est heureux qui a de tels sujets, qui prodiguent volontiers la vie & le sang pour son seruice! O que les sujets sont heureux qui ont vn tel Prince, qui merite que l'on prodigue son sang & sa vie pour luy! La plufpart des Princes tandis que l'on se bat pour eux dorment bien à leur aise: tandis que les Capitaines couchent sur la dure, ils se veautrent dans leurs voluptez: tandis que leurs gens hument la poudre, ils s'en parfument. La renommée des belles actions, comme vn bruit esloigné, paruient bien tard à leurs oreilles: ioint qu'ils ne les estiment pas comme elles meritent, n'ayant iamais endossé le harnois ny sué sous le faix des armes. Cela rend les armées languissantes, & le soldat qui n'a pour lors autre éguillon que l'auarice, deuient retif, & ne veut point aller aux coups: mais quand on est picqué du desir de gloire & de reputation, que la presence & l'exemple du Chef sollicite le point d'honneur, c'est alors que la vertu militaire produit

des effects admirables : Et par ainsi nous
pouuons dire que la seule presence &
l'exemple de voftre Majesté, S I R E,
donnant le courage à ses gens a donné
l'espouuante & la terreur à tous ses ennemis. Iadis les murailles d'vne ville ennemie tomberent à la veüe d'vn de vos
predecesseurs ; & icy à l'aspect de voftre
Majefté, non les murailles, mais les
cœurs de pierre des rebelles endurcis
sont tombez sur leurs pieds, comme dit
le diuin Homere : Ils se font recogneus,
ils ont crié misericorde, & se font iettez
entre les bras de voftre bonté vraye-
ment paternelle. Car voftre Majesté en-
suiuant les rares qualitez du Grand
H E N R Y voftre pere de tres-heureuse
memoire, comme elle l'esgalle en va-
leur, le veut encore esgaller en clemence & en debonnaireté. C'est là, S I R E,
la plus grande victoire que vous obtien-
drez iamais, de vous estre laiffé vaincre
aux prieres & aux larmes de vos sujets,
recognoiffans leur faute. Horrible de
fer & de sang vous allez rompant vne
nation de rebelles, inuincible contre
tout autre que contre vous-mesme ; &
au plus chaud de ce conflit, lors que

voſtre iuſte cholere doit eſtre plus en-
flammée contre eux, elle eſt ſoudaine-
ment refroidie par les ſoupirs, eſteinte
par les larmes de leur reſipiſcence. Ny la
douceur d'vne ſi iuſte vengeance, ny les
attraits d'vne victoire ſi prochaine, ne
vous ont point eſté ſi aggreables que la
couronne de prix qui ſe donne Povr
les citoyens conservez:
Ainſi plaiſt-il à voſtre clemence que
nous appellions ceux qui nagueres
eſtoient les ennemis publics de l'Eſtat.

Triomphez, mon grand Roy, triomphez, non de tant de Capitaines que
vous auez vaincus, non de tant de villes
que vous auez priſes; mais de vous-meſ-
me que vous auez ſurmonté, de tant
d'hommes que vous auez ſauuez, de
tant de cœurs que vous auez captiuez
par vn eternel bien-faict dans les chaiſ-
nes de voſtre amour. Paris remply de
l'admiration de vos beaux faicts, vous
attend auec impatience, & voüeroit des
temples à la Fortune, de voſtre heureux
retour; ſi voſtre pieté n'abaiſſoit la gran-
deur de ſa fortune aux pieds de nos Autels. On dit qu'Alexandre au plus fort
d'vne meſlée tout couuert de ſang & de

traits, s'escria, O peuple d'Athenes, si tu sçauois combien ie souffre de peine pour ce seul loyer que i'attens d'estre loüé de toy? Et nous croyons, SIRE, que si vostre Majesté peut auoir quelque autre but à ses vertueuses actions que l'honneur & la gloire de Dieu; c'est le desir qu'elles soient approuuées de vostre grand Paris, puis que de tout temps il a esté iuste iuge de la beauté des exploicts des plus excellens Roys qui ayent iamais porté couronne en teste. Entrez, SIRE, & venez receuoir ce veritable iugement par la voix publique, que vous estes non seulement le Prince, mais le premier des François: Estre le premier des François, c'est estre facilement le premier de tout le monde.

**FIN.**